KB054874

포유류는 왜 알을 낳지 않을까?

POURQUOI LES MAMMIFÈRES NE PONDENT-ILS PAS D' OEUFS?

by François Moutou

민음 바칼로레아 046

포유류는
왜 알을 낳지 않을까?

프랑수아 무투 | 민미숙 감수 | 김희경 옮김

민음in

차례

풍부한 영감을 주는 마음의 고향과도 같은 존재,
유방을 갖고 있는 모든 이들에게 감사한다.

질문 : 포유류는 왜 알을 낳지 않을까?

어미가 새끼를 낳아 젖을 먹여 기르는 동물, 이른바 젖먹이 동물이 바로 포유류이다. 자그마한 생쥐에서부터 집채만 한 코끼리에 이르기까지 포유류에 속하는 동물들은 자신을 닮은 새끼를 낳고, 몸에 달린 포유 기관으로 새끼들의 배를 불린다.

글자 그대로 포유(哺乳), 즉 젖을 먹이는 생쥐나 코끼리 등이 가지는 가장 큰 특징은 바로 새끼를 낳는다는 데 있다. 이는 도마뱀이나 악어와 같은 파충류, 혹은 메추라기˚나 독수리와 같

● ● ●

메추라기 꿩과의 겨울 철새. 몸의 길이는 18센티미터 정도이며 누런 갈색과 검은색의 가는 세로무늬가 특징이다. 유럽, 아프리카, 인도, 동부 아시아 등지에 분포한다.

은 조류 등이 알을 낳는 것과 견주어서 포유류가 갖고 있는 독특한 성질이라 하겠다. 따라서 포유류와 관련해서는 '알이 먼저냐 닭이 먼저냐?' 하는 난해한 물음으로 딜레마에 빠질 일은 없다고 보아도 무방하다.

하지만 다양한 생명체들을 품고 있는 자연계의 이곳저곳을 면밀하게 살펴보면, 포유류를 특징짓는 이러한 성질이 불변의 진리는 아니라는 것을 알 수 있다.

그런 점에서 '포유류는 왜 알을 낳지 않을까?' 라는 이 책의 제목은 사실 부정확한 질문이라고 해야 할 것이다. 포유류 중에 알을 낳는 동물이 엄연히 존재하기 때문이다. 바로 오리너구리*와 바늘두더지*이다.

물론 현재 알려진 5000여 종의 포유류 중에 알을 낳는 동물은 오리너구리 1종과 바늘두더지 4종뿐으로, 전체 포유류의

● ● ●

오리너구리 오리너구릿과의 포유동물. 몸의 길이는 40~45센티미터이고 부드러운 털이 나 있다. 주둥이가 길어 오리의 부리 같고 발가락에는 물갈퀴가 있다. 오스트레일리아, 태즈메이니아 등지에 분포한다.
바늘두더지 바늘두더짓과의 포유동물. 몸의 길이는 35~50센티미터로 고양이만 하며 검은 갈색이다. 고슴도치와 비슷한데 가시가 더 길고 주둥이는 뾰족하며 꼬리는 짧다. 땅을 잘 파고 긴 혀로 개미 따위의 벌레를 잡아먹는다. 오스트레일리아, 뉴기니, 태즈메이니아 등지에 분포한다.

1000분의 1밖에 되지 않는다. 그러니까 이 다섯 종을 제외한 포유류는 모두 알을 낳지 않는다.

포유류의 화석 종들을 살펴보면 이미 수백만 년 전부터 포유류는 **태생 동물**이었으며, 알이 아닌 어린 새끼를 낳았다는 것을 알 수 있다. 포유류가 태생 동물인 것은 다른 종의 연구를 통하여 더욱 명확하게 밝혀졌다. 중생대˙에 지구상에 나타난 포유류는 조류와 함께 파충류의 후손으로 분류된다. 그러나 이들은 같은 종이 아니다. 파충류와 조류는 포유류와 달리 알을 낳는 **난생 동물**이기 때문이다.

그럼 포유류는 왜 알을 낳지 않을까? 그리고 오리너구리와 바늘두더지는 왜 예외적인 존재가 되었는가? 포유류와 조류의 알을 비교할 수 있을까?

이런 질문에 정확하게 대답하기 위해 이 책에서는 먼저 생물학적으로 알이란 게 무엇인지부터 생각해 볼 것이다. 또한 알들이 어떻게 생겨나는지, 그리고 수정과 임신, 출산, 수유와 육아 등 포유류의 복잡한 번식 체계는 다른 동물과 어떻게 다

● ● ●

중생대 지질 시대의 구분상 고생대와 신생대 사이의 시기. 지금으로부터 약 2억 4500만~6500만 년 전까지의 시기를 말한다.

른지 짚어 볼 것이다.

이 과정에서 토끼처럼 빨리 번식하는 무리와, 코끼리나 인간처럼 번식이 빠르지 않은 무리의 번식 전략이 어떻게 다른지도 살펴볼 것이다.

질문의 폭을 좁히고 좀 더 쉽게 비교하기 위해서, 포유류 중에서도 몸에 주머니가 있어 그 안에서 새끼를 양육하는 유대류●와 알을 낳는 포유류인 오리너구리와 바늘두더지가 속한 단공류●는 따로 다룰 것이다.

● ● ●

유대류 원시적인 태생 포유동물로 태반이 없거나 있어도 매우 불완전하며, 새끼는 발육이 불완전한 상태로 태어나서, 보통 어미의 배에 있는 육아낭 속에서 젖을 먹고 자라는 것이 특징이다. 오스트레일리아에 가장 많이 서식하고 그 인근의 섬과 아메리카에도 분포하며, 현재까지 약 272종이 알려져 있다. 대표적인 유대류로 캥거루, 코알라, 주머니늑대 등이 있다.

단공류 가장 원시적인 난생 포유류. 생식관의 하부와 직장이 결합해서 총배설강을 이룬다. 뇌량이 없고 자궁도 없으며 음경에 정액은 통하나 오줌은 통하지 않는 특성들은 충류(蟲類)와 비슷하나, 온몸에 털이 있고 유선(乳腺)이 있으며, 아래턱이 치골만으로 되어 있는 점 등으로 보아 명확한 포유류이다. 그러나 유두는 없다.

1

동물들이 낳는 **알**은
어떻게 서로 다를까?

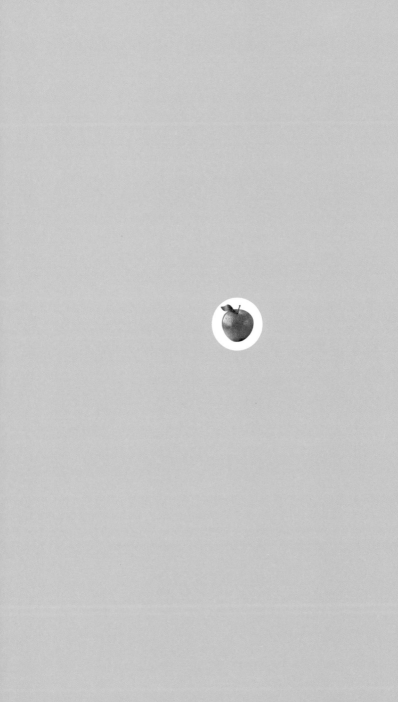

알이란 무엇일까?

알이라고 했을 때 우리가 가장 쉽게 떠올리는 건 암탉이 낳은 알 곧 달걀일 것이다. 달걀은 삶거나 찌거나 부쳐 먹을 수 있고, 풀어서 다른 음식에 넣어 요리할 수 있는 다용도의 완전식품으로 잘 알려져 있다. 그러나 생물학적인 입장에서 알은 또 다른 의미를 갖는다.

지구에 사는 대다수 생물은 유성 생식°이라는 방법으로 번식을 한다. 이는 매우 독특하고 효과적인 종족 보존 전략이라

● ● ● ●

유성 생식 암수의 생식 세포에 의한 생식. 즉 수정에 의하여 새로운 개체가 형성되는 번식 방법이다.

고 할 수 있다.

살아 있는 동물은 대개 수컷과 암컷, 인간을 예로 들면 남자와 여자로 나뉜다. 흔히 각 개체는 외형적으로 서로 유사하여 그들의 성(性)을 육안으로 감별해 내기가 쉽지만은 않다.

그렇지만 수컷과 암컷은 각각 생식 세포라는 서로 다른 개별적이며 특이한 세포를 만들어 낸다. 다시 말해 수컷에게는 정자라는 생식 세포가 있고, 암컷에게는 난자라는 생식 세포가 있어서 각각의 성을 구별할 수 있다.

번식은 한 생물이 다음 세대의 생명을 낳고 그 세대에게 생태와 환경에 적응하는 방법을 물려 주는 모든 과정을 일컫는다. 이 과정에서 가장 중요한 것 중 하나가 바로 정자와 난자가 결합하는 **수정**이다. 정자와 난자라는 두 생식 세포가 결합하면서 양쪽의 세포핵이 합쳐지고, 그 결과 같은 종이지만 완전히 새로운 존재로 성장하게 될 **알**, 즉 수정란이 만들어진다. 이것이 생물학에서 말하는 알이다.

포유류는 외부에 알을 낳는 것이 아니라, 암컷이 몸속에 알을 간직한 채 영양 공급을 통해 알을 발육시킨다. 그리고 나서 어느 정도 자란 새끼를 낳는다.

포유류는 태생 동물이고, 닭을 포함하여 새들은 모두 알을 낳는 난생 동물이다. 예외적으로 단공류인 오리너구리와 바늘두더지만이 포유류이면서 난생 동물이다.

살모사나 다리 없는 도마뱀˚과 같이 파충류 중에도 알이 아닌 살아 있는 새끼를 낳는 종류가 있다. 이들은 알을 알 상태로 낳지 않고, 암컷의 몸속에 간직한 채 품고 있다가 낳는 난태생˚ 동물이다. 이들은 단지 새끼를 몸속에 품고 있을 뿐 알과 어미 간에 무언가를 주고받는 일은 없다.

일반적으로 난자는 정자보다 크고 수가 적다. 난자는 미래의 태아로 성장하는 데에 필요한 모든 것을 지니고 있다. 그렇기 때문에 수정되지 않은 연어의 난자나 산란 전에 잡은 철갑상어의 알 캐비어나 등 모든 종류의 알은 영양이 풍부하다.

달걀도 마찬가지이다. 노른자와 흰자는 미래에 병아리로 발육하는 데에 필요한 영양분이다. 노른자는 최초에 수정된 핵이고, 흰자는 영양분이 있는 겉껍질이다. 암탉이 알을 품지만, 그것은 알의 성장에 필요한 열을 전달하고 알을 물리적으로 보호

● ● ●

다리 없는 도마뱀 다른 도마뱀과 달리 다리가 없어 마치 뱀처럼 보인다. 몸통에 긴 옆줄이 있고 작은 곤충이나 거미를 먹고 산다. 대부분의 시간을 땅속에서 보내기 때문에 발견하기가 쉽지 않다.
난태생 난생 동물이지만, 개체가 알이 아니라 유생의 형태로 태어난다. 태반이 없어서 모체에서 영양을 취하지 않고, 난황을 영양으로 발육하고 부화하는 점이 태생과는 다르다.

하기 위한 것일 뿐, 암탉과 알 사이에 영양분 교환이 일어나는 것은 아니다.

부모와 직접적인 접촉이 별로 없거나 아니면 아예 없는 동물도 있다. 바다에 사는 무척추동물과 몇 종류의 물고기가 이에 속한다. 이들은 암컷과 수컷이 물속에서 각각 정자와 난자를 내보내서 수정하는 방법으로 체외 수정을 한다. 그래서 물고기의 암컷과 수컷은 새끼들이 생을 시작하기에 좋은 장소, 즉 알을 낳기에 적합한 산란장에서 만나기도 한다.

2

포유류는 어떻게
수정하고 임신할까?

포유류는 어떻게 수정할까?

포유류는 조류나 파충류처럼 **체내 수정**을 한다. 수컷은 외부
환경의 위험 요인을 피해 자신의 생식 세포를 암컷의 몸속에
안전하게 넣기 위해 짝짓기를 한다. 체내 수정을 통해 만들어
진 수정란은 수천 개에 달하는 물고기의 알에 비하면 그 수가
매우 적지만 생존할 가능성이 상당히 높다. 물고기의 알은 물
살에 이리저리 휩쓸리거나 다른 생물에게 먹혀서 없어지는 경
우가 많기 때문에 포유류 수정란의 생존율이 물고기 알의 생존
율보다 결코 못하다고 할 수 없다.

즉 한 번에 한 마리만 태어나는 코끼리가 한 번에 수천 마리
씩 태어나는 대구에 비해 종의 생존율이 떨어지는 것이 아니
다. 새끼 코끼리 한 마리가 어른 코끼리로 자라날 확률은 새끼

대구 한 마리가 성어로 자랄 확률보다 훨씬 높은 셈이다. 포유류가 새끼를 낳는 주기와 그 수는 제각각이어서 4~5년에 한 번씩 새끼를 낳는 종이 있는가 하면, 일 년에 수십 마리의 새끼를 낳는 종도 있다.

일반적으로 포유류는 짝짓기를 한 다음 몇 시간에서 며칠이 지나야 수정이 이루어진다. 야생 포유류는 뚜렷하게 구별되는 번식기가 있으며, 일 년 내내 번식하는 경우는 극히 드물다. 번식 주기를 조절하는 중요한 요인 중 하나는 바로 태양이다. 해가 뜨고 지는 주기에 따라 성 호르몬이 신체 각 기관으로 전달되는 것이다. 번식 주기는 계절 주기와 호르몬 주기로 나뉜다. 계절 주기는 번식의 계절과 출산의 계절, 그리고 휴식의 계절로 이루어진다. 번식의 계절 가운데 며칠간이 호르몬 주기에 해당하는데 수컷과 암컷이 만나는 때도 이 시기이다.

성장한 동물은 호르몬 주기가 되면 번식의 첫 번째 단계로서 모든 요인을 동원하여 생식 세포를 발육시킨다. 행동에도 변화가 와 암컷과 수컷이 짝짓기를 하게 되고, 그 영향으로 암컷의 배란*이 촉진된다.

번식의 두 번째 단계는 수정의 성공률을 높이기 위한 단계이다. 이러한 번식 전략은 몇몇 육식 동물에게서 발견되는데, 짝짓기 과정에서 상대방의 동의를 구했던 것과는 대조적으로

이 시기에는 애정 행위와 거리가 먼 독특한 행동을 보인다. 심지어 어떤 경우에는 싸우는 것처럼 보일 때도 있다. 이러한 난폭한 행동조차 배란을 촉진시키기 위한 행동임에 분명하다.

번식의 계절에 수컷이 부족하여 짝짓기를 할 수 없다면, 성비를 맞추기 위해 암컷의 호르몬 주기가 불규칙해진다. 만일 번식의 첫 번째 단계에서 호르몬 주기 동안 짝짓기나 수정을 하지 못했다면 다음 호르몬 주기에 다시 시도한다. 이러한 전략으로 수정이 되어 임신을 하면, 태아가 발육함에 따라서 호르몬의 균형이 바뀌고, 동물들은 번식의 계절과는 다른 행동 양식을 보인다.

대다수 종들은 짝짓기를 하는 계절이 따로 있다. 그 시기가 아니면 수컷과 암컷은 성행위를 하지 않는다. 출산의 계절은 임신 기간에 따라 다르다. 대부분 새끼들은 먹을 것이 가장 풍부한 계절, 즉 온대 지방에서는 봄에, 열대 지방에서는 우기에 태어난다. 따라서 우리나라 같은 온대 지방이라면, 임신 기간이 짧은 육식 동물은 낮이 가장 짧은 겨울에 번식을 해서 봄에

● ● ●

배란 성숙한 난세포, 곧 난자가 난소에서 배출되는 현상. 사람과 소, 말, 개, 쥐 등은 자연 배란을 하지만, 토끼와 족제비, 고양이 등은 교미 후에 배란이 일어난다.

대다수 종들은 짝짓기 철이 정해져 있고, 주로 먹이가 풍성한 시기에 새끼를 낳는다.

새끼를 낳도록 할 것이다. 임신 기간이 상대적으로 긴 사슴과 야생 영양, 야생 염소는 낮이 짧아지기 시작하는 가을부터 번식을 해서 역시 봄에 새끼를 낳는다. 어쨌든 대다수의 새끼들은 봄에 태어난다.

포유류는 얼마 동안 임신할까?

임신 기간은 수정에서 출산 사이의 기간을 말한다. 동물의 짝짓기를 관찰하는 것은 어렵지 않지만 수정이 되는 순간을 알아내기는 힘들기 때문에 실제 임신 기간을 밝혀내기란 거의 불가능하다. 그래서 마지막 짝짓기를 한 시점부터 출산까지의 기간을 임신 기간으로 추정한다. 임신 기간은 종에 따라 차이가 있다.

임신 기간이 가장 긴 동물과 가장 짧은 동물은 무엇일까? 두 동물의 임신 기간은 얼마나 차이가 날까?

임신 기간이 가장 짧은 종은 뾰족뒤쥐˚(식충목˚)와 들쥐(설치류˚)로 20~21일쯤 된다. 반대로 임신 기간이 가장 긴 동물은 코끼리로 22개월이나 된다. 임신 기간이 약 270일인 인간은 중간쯤 되는 셈이다. 종에 따라 임신 주기도 천차만별이다. 들쥐를 포획해서 관찰한 바에 따르면 일 년에 연속으로 열두 번 임신을 할 수 있는 데 반해, 코끼리는 4~5년에 한 번씩 새끼를 갖는다.

인간에게 친숙한 가축들의 임신 기간은 어떨까? 암말은 11개월 동안 망아지를 품고, 암소는 9개월 동안 출산을 기다리며, 암양은 5개월 후에 새끼 양을 낳고, 암돼지는 3개월 3주 3일이 지나야 새끼 돼지를 볼 수 있다. 또한 암말의 경우 쌍둥이를 낳는 경우가 극히 드문 반면 암소는 그런 경우가 좀 더 많고, 암양의 경우는 더 많으며, 암돼지는 한 배에 새끼를 무려 열 마리 가까이 낳는다. 이 동물들은 야생 상태에 있을 때 육식 동물의 먹잇감이 되는 초식 동물이거나 잡식성 동물이다.

그에 비해 육식 동물은 임신 기간이 비교적 짧은 것이 특징

● ● ●

뾰족뒤쥐 뒤쥣과의 하나. 쥐와 비슷한데 몸 길이는 5~7센티미터, 꼬리의 길이는 5센티미터 안팎이며 어두운 갈색이다. 주둥이가 뾰족하고 귓바퀴는 작다. 밤에 활동하고 숲 속에 살며 한국, 시베리아, 일본 등지에 분포한다.
식충목 포유강의 한 목. 약 344종이 있다. 체격이 가늘고 길며, 콧등을 잘 움직일 수 있는 작은 동물이 대부분으로, 야행성이고 단독 생활을 하며, 주로 곤충과 그 외의 무척추동물을 먹는다.
설치류 착색동물 포유강의 한 목을 이루는 동물군. 쥐류라고도 한다. 앞니가 일생 동안 자라며, 앞면에만 에나멜질이 있고 끌 모양인 데에서 설치류라는 이름이 유래했다.

이다. 개와 고양이, 늑대, 야생 고양이, 그리고 이들과 유사한 야생종들의 임신 기간은 약 2개월 정도이며, 사자와 호랑이같이 몸집이 큰 종들은 3개월이 넘는 100~110일 정도 임신을 유지한다. 한 번에 낳는 새끼의 수도 비슷한 크기의 초식 동물보다 육식 동물이 평균적으로 많다. 육식 동물의 새끼들은 초식 동물과 달리 거의 자라지 않은 상태로 태어난다. 육식 동물의 새끼는 눈도 못 뜨고 듣지도 못하며, 털은 아직 없거나 듬성듬성 나 있다. 또한 자신의 몸을 일정한 온도로 유지할 능력도 없으므로 엄밀히 말하자면 **정온 동물**°이라고 할 수 없다. 임신 기간이 이처럼 종마다 차이가 나는 이유는 체질이 저마다 다르기 때문이다.

포유류 중에서 가장 큰 고래는 비교적 발육이 잘된 상태로 새끼를 낳는다. 일 년 남짓한 임신 기간은 고래가 각 반구(半球)를 돌아다니는 일 년이라는 이동 주기와 맞물려 있다. 고래 무리는 적도 지역을 가로질러 넘어가지는 않는 것으로 보인다.

긴수염고래°는 여름에 북극이나 남극의 차가운 물에서 지내

●●●●

정온 동물 바깥 온도에 관계없이 체온을 항상 일정하게 유지하는 동물. 온혈 동물, 항온 동물이라고도 한다. 변온 동물에 대응하는 말로, 포유류와 조류가 이에 속한다.

다가, 겨울에 번식과 출산을 위해 열대 지방의 따뜻한 물로 돌아온다. 열대 지방의 바닷물은 염분 농도가 높아 임신으로 몸이 불어난 고래가 힘들지 않게 몸을 지탱할 수 있으며, 큰 어려움 없이 엄청난 양의 먹잇감도 구할 수 있다.

고래는 골반 뼈가 없어서 출산 시 새끼가 골반을 통과하는 힘든 과정이 아예 없다. 일반적으로 네발 달린 포유류의 경우, 새끼가 골반을 통과하려면 치골°의 결합이 느슨해져야 하므로 치골의 크기에 따라 새끼의 크기가 제한될 수밖에 없다. 그러나 고래는 이런 제한이 없으므로 혼자서 헤엄칠 수 있을 만큼 자란 상태의 새끼를 낳는다.

임신 기간은 환경에 따라서 달라질 수도 있다. 일례로 산토끼와 집토끼는 언뜻 보기에 서로 많이 닮았지만 임신 기간이 서로 다르다. 산토끼는 40~41일 동안 새끼를 태내에 품는 반면, 집토끼는 28~33일 동안 품는다. 단지 일주일이라 해도 새끼는 엄청난 차이를 보인다. 움푹한 임시 보금자리에서 태어나

● ● ●

긴수염고래 긴수염고랫과의 하나. 몸의 길이는 20미터 정도이며 등 쪽은 검은색, 배 쪽은 흰색이다. 헤엄치는 속도가 빠르다. 작은 갑각류를 먹고 사는데 전 세계에 분포한다.
치골 두덩뼈. 좌골 앞쪽에서 골반을 감싸고 있는 뼈.

는 새끼 산토끼는 이미 털이 나 있고, 눈도 뜬 상태이며, 빨리 자립한다. 반면에 둥지 깊숙한 곳에 숨어 자라는 새끼 집토끼는 벌거숭이에 눈도 뜨지 못한 채로 태어나 한동안 어미에게 완전히 의존한다. 토끼과에 속한 이 두 종은 동물학적으로 매우 가깝지만 생을 시작하는 방법은 이처럼 크게 다르다. 시궁쥐와 애완용이나 실험용으로 쓰이는 기니피그도 마찬가지다. 시궁쥐의 임신 기간은 21일이고 기니피그는 68일로, 산토끼와 집토끼보다 차이가 더 많이 난다. 이 쥐들의 경우에도 갓 태어난 새끼들이 성장하는 방식은 매우 대조적이다.

시간차 임신이란 무엇일까?

작은 육식 동물인 족제비와 흰담비˙는 종종 혼동될 만큼 생김새가 매우 비슷하고, 두 종 모두 같은 족제빗과 족제비속에

· · · ·

흰담비 족제빗과의 포유동물로 담비의 일종이다. 몸의 길이는 40~55센티미터 정도이고 꼬리의 길이는 25~32센티미터이다. 몸빛은 잿빛 또는 누런 갈색이며 가슴 부분은 희다. 한국 북부, 몽골, 시베리아, 유럽, 중국 북부 등지에 분포한다.

속한다. 암컷 족제비는 무게가 0.5~1킬로그램밖에 되지 않으며, 암컷 흰담비의 무게는 1~1.2킬로그램에 달한다. 족제비와 흰담비 모두 작고 날렵한 몸매를 가졌으며 들쥐를 잡기 위해 땅굴까지 쫓아가는 무시무시한 사냥꾼이다.

족제비의 임신 기간은 34~37일이며, 흰담비는 약 280일이다. 흰담비는 시간차 임신이라는 매우 독특한 번식 체계를 갖고 있다. 짝짓기 후에 수정이 정상적으로 이루어져도 수정란은 발육되지 않는다. 자궁 점막에 알이 고정되는 **착상**은 수정된 지 몇 개월이 지나 다음해 봄에 이루어진다. 따라서 실제 임신 기간은 족제비와 거의 비슷한 21~28일이라고 할 수 있다.

생김새가 비슷한데도 번식 체계가 이렇듯 다른 이유는 무엇일까? 그 이유를 정확히 설명할 순 없지만, 서로 다른 번식 체계가 두 동물의 생태에 미치는 영향이 매우 큰 것만은 사실이다. 들쥐의 종류나 지역에 따라 다르긴 하지만 3~4년마다 들쥐가 많아지는 해가 돌아오는데, 이때 족제비는 같은 계절 동안 두 번 세 번 거듭 번식하는 반면, 흰담비는 그렇지 못하다.

다른 육식 동물과 마찬가지로 족제비와 흰담비의 새끼는 발육이 덜 된 상태로 태어난다. 그런데 흰담비의 경우, 아직 젖을 떼기 전의 새끼라 해도 발정기가 찾아오며, 그때 어미 세대 암컷들과 함께 임신한다는 사실이 밝혀졌다. 임신 기간이 길고 봄에만 짝짓기를 하는 흰담비에게 이런 번식 체계가 없었다면, 해를 넘기기 전에는 어린 흰담비가 번식할 수 없을 것이다. 들쥐의 수가 많아지면 흰담비는 족제비와 달리 그 이듬해에 더 많은 수의 새끼를 낳는다. 새끼들 중 일부가 먹을 것을 구하지 못할 위험이 있지만 기꺼이 감수한다. 한편 들쥐가 부족한 해에는 족제비와 흰담비 모두 번식을 하지 못한다.

암컷과 수컷이 만나 짝짓기를 하여 수정이 된 시점과 실제 임신이 시작되는 시기가 다른, 이 독특한 번식 체계는 흰담비 외에도 몇몇 종에서 더 찾아볼 수 있다. 이러한 시간차 번식의 장점은 동물들이 언제 짝짓기를 하더라도 유리한 순간에 착상할 수 있다는 점이다.

노루는 시간차 임신을 하는 것으로 알려진 유일한 반추 동물˚이다. 노루와 사슴은 비록 짝짓기를 하는 시기는 다르지만, 이듬해 봄에 똑같이 출산을 한다.

수노루와 수사슴은 **발정기**가 되면 암컷을 찾는 데 몰두한 나 🍎

• • •

반추 동물 되새김 동물. 한번 삼킨 먹이를 게워 내서 다시 씹는 특성을 가진 동물을 말한다. 위가 4~5개로 나뉘어 있고 이른 아침이나 해질 무렵, 밤에 먹이를 첫째 위에 모아 두었다가 안전한 장소에서 천천히 되새김질하는 것이 특징이다. 소와 양, 낙타, 사슴, 기린과 같은 동물이 있다.

머지 거의 영양을 섭취하지 못해 비쩍 마른 채로 지낸다. 그나마 노루가 사슴보다 낫다. 발정기가 7월이어서 먹잇감을 찾을 시간이 상대적으로 더 넉넉하기 때문이다. 7월이 지나면 노루는 체력이 떨어진 채 혹독한 겨울을 나지 않기 위해 부지런히 양식을 찾아다닌다.

9월 말부터 10월 초까지가 발정기인 사슴 역시 겨울이 오기 전까지 발정기 때 소진한 건강을 회복해야 한다. 얼마 남지 않은 기간 동안 영양가라고는 별로 없는 푸성귀를 섭취해 영양을 보충해야 하는 것이다. 이런 풀은 영양가 있는 다른 먹이에 비해 엄청나게 많은 양을 섭취해야 하기 때문에 부지런히 풀을 찾아다니지 않으면 안 된다.

한편 박쥐는 새처럼 날아다니는 유일한 포유동물로 겨울잠을 잔다. 그래서 늦봄에 한꺼번에 출산하기 위한 갖가지 번식 체계를 갖고 있다. 박쥐는 겨울잠에 들어가기 전에 짝짓기를 하는데, 그렇지 않으면 짝짓기를 하기 위해 겨울잠에서 깨어나거나 봄까지 기다려야 한다. 암컷 박쥐는 수컷의 정자를 몸속에 간직하고 있다가 시간차 임신을 하기도 하고, 짝짓기와 동시에 임신을 하기도 한다.

태반은 어떤 역할을 할까?

임신과 관련된 기관 중 포유류에게만 특징적으로 있는 것이 바로 태반이다. 알(수정란)이 발육할 때에 막과 주머니가 생겨나 태반을 형성한다. 태반은 자궁벽에 고정됨으로써 태아와 모체를 연결하는 복잡하고 특수한 기관으로서, 태아의 노폐물을 내보내는 한편 태아에게 영양분과 산소를 공급하는 등 모체와 태아 간에 물질 교환을 돕는 역할을 한다. 포유류에게 태반이 필요한 이유는, 포유류의 수정란이 처음부터 발육에 필요한 영양분을 모두 갖고 있는 암탉의 알과는 다르기 때문이다. 포유류의 경우 난자가 정자보다 크다 해도 난자의 비축 영양분으로 수정란을 자라게 하지는 못한다.

태반은 자궁벽의 일부가 아니라 배의 세포 조직이므로 완전히 다른 개체가 자궁벽에 '이식' 되는 것이라 할 수 있다. 임신 기간 동안에는 모체의 면역 거부 반응이 억제되고 조절되기 때문에 이러한 이식이 가능해진다.

출산은 양수 주머니와 태아가 들어 있는 주머니가 함께 터지면서 시작된다. 서서 출산하는 기린의 경우, 양수는 땅을 촉촉이 적심으로써 새끼가 태어나 땅에 떨어질 때 충격을 완화시키는 역할을 한다.

태반은 새끼가 태어난 뒤 몇 시간이 지나 배출되는데 대다수 암컷이 이를 먹는다. 이러한 행위는 육식 동물과 초식 동물에게 공통적으로 나타난다. 땅굴 속에 사는 동물의 경우에는 그렇게 해야 위생에 좋으며 포식자의 주의도 끌지 않을 수 있다. 또한 태반 조직에는 전염병의 감염으로부터 몸을 보호하는 면역 글로불린* 외 여러 단백질이 풍부하게 함유되어 있어서, 특히 젖 분비를 위해 많은 에너지를 소모하는 암컷에게 매우 유용하다.

마지막으로 인간을 포함한 여러 종에게서 나타나는 현상인 상상 임신에 대해 간단히 이야기해 보자. 사실 상상 임신보다는 '호르몬 임신'이 더 정확한 표현이다. 호르몬 임신이란 수정이 이루어지지 않았는데도 호르몬의 작용으로 몸이 임신한 것처럼 반응하는 것이다. 이러한 현상은 무리 중에 단 한 마리의 암컷만이 번식을 하는 늑대에게서 유래한 것이다. 새끼 늑대가 태어나면, 어미가 아닌 다른 암컷도 호르몬 임신으로 젖이 분비되어 새끼 늑대를 함께 키운다.

● ● ●

면역 글로불린 혈청 성분 중 면역에 중요한 역할을 하고, 또 항체 작용을 하는 단백질의 총칭. 감마 글로불린이라고도 한다.

3

포유류는 어떻게
새끼를 키울까?

왜 종마다 새끼의 발육 상태가 다를까?

유소성[*]과 이소성[*]은 새끼 새가 언제 둥지를 떠나느냐를 설명하는 용어로, 모든 동물에게 확대해서 적용시키기도 한다. 나무 위가 아닌 땅에 둥지를 틀긴 하지만 포유류에도 이소성 포유류와 유소성 포유류가 존재한다. 포유류의 경우에는 둥지를 뜻하는 소(巢)를 땅을 뜻하는 지(地)로 바꾸어, 유지성과 이지성이라고 해도 좋을 것이다.

● ● ●

유소성(留巢性) 조류의 새끼가 어미 새의 보호를 받으면서 장기간 둥지에 머무는 성질.

이소성(離巢性) 조류의 새끼가 둥지를 빨리 떠나려 하는 성질. 지상에서 둥지를 틀고 산란하는 새들에게서 많이 나타난다. 이런 새들은 부화 직후부터 어미의 보호를 받지 않고 독립된 생활을 한다.

간단히 정리하면, 몸집이 큰 종일수록 임신 기간이 길고 발육이 잘된 상태로 새끼를 낳는다. 그러나 예외인 경우가 많아 이렇게 간단히 설명할 문제가 아니다. 결국 각 종의 번식 전략은 모두 다르다고 하는 것이 옳다.

항상 포식 동물의 먹잇감이 되어 왔던 종들의 새끼는 태어난 지 몇 시간도 안 돼 어미를 쫓아 빨리 움직일 수 있다. 이런 🍎 동물을 **이소성 동물**이라고 한다.

이처럼 발육이 거의 완성된 상태로 태어나려면 임신 기간이 길어야 한다. 말과 얼룩말, 인도영양° 등 스텝°과 사바나° 지대에 사는 커다란 초식 동물들이 그 예이다. 이들은 몸을 숨길 만한 곳이 거의 없는 드넓은 초원에 살고 있기 때문에 빨리 이동할 수 있는 능력이 생존의 필수 요소이다. 따라서 갓 태어난 새끼가 포식 동물에게 먹히지 않고 생존하려면 머뭇거리지 않

● ● ●

인도영양 솟과의 하나. 생김새가 사슴과 비슷하며 몸의 길이는 120센티미터 정도이다. 성숙한 수컷은 검은색이고 암컷과 어린 새끼는 누런 갈색을 띤다. 인도, 파키스탄, 아프리카 등지에 분포한다.
스텝 러시아와 아시아의 중위도 지방에 위치한 초원 지대. 건기에는 풀이 자라지 않고, 우기에 풀이 자란다.
사바나 건기와 우기가 뚜렷한 열대와 아열대 지방에 나타나는 초원. 키가 큰 볏과 식물이 우거진 탁 트인 들판에 나무가 드문드문 나 있다.

고 암컷과 다른 어른 동물들이 있는 무리 속으로 섞여 들어가
야 한다.

무리 전체가 동시에 출산을 하는 것도 생존을 위한 또 다른
전략이다. 동아프리카와 남아프리카의 사바나 지역에 사는 누
와 인도영양은 거대한 무리를 지어 사는데 수만 마리의 암컷
누와 영양들은 단 며칠 동안에 다투어 새끼를 낳는다. 그러면
포식 동물이 새끼를 잡아먹는다 해도 희생은 몇 마리에 그치게
된다. 포식 동물은 배가 부르면 더 이상 사냥하지 않기 때문이
다. 며칠이 지나면 새끼들은 포식 동물로부터 도망갈 수 있을
만큼 자란다. 이러한 대출산 시기 이전이나 또는 그 이후에 태
어난 새끼들은 상대적으로 생존율이 떨어진다는 것을 확인할
수 있다.

유소성 동물의 경우 반대 현상이 나타난다. 태아를 오래 품
으면 체중이 많이 느는데, 사냥을 해야 하는 육식 동물에겐 곤
란한 일이 아닐 수 없다. 그래서 육식 동물은 새끼를 거의 발육
하지 않은 상태로 낳아 은신처에서 키운다. 그리고 새끼가 육

● ● ●

누 영양의 한 종. 몸빛은 회색이고 뿔은 희며, 갈기와 검은 꼬리에 긴 솜털이 있
다. 건조한 시기에는 풀을 찾아 떼를 지어 이동하며 아프리카에 분포한다.

체적으로 어느 정도 성장하여 자유롭게 움직일 수 있을 때까지 며칠에서 최대한 몇 주까지 새끼를 돌본다. 물론 육식 동물들이 근처를 어슬렁거리지 못하게 하기 때문에 새끼는 안전하게 지낼 수 있다.

그렇지만 암컷 혼자 새끼를 키울 경우, 어미가 먹이를 구하러 나갔을 때에는 새끼들이 위험한 상황에 처할 수 있다. 육식 동물은 서로 간에 생존 경쟁이 치열하고 다른 종에게는 매우 공격적이기 때문이다. 사자가 악착같이 치타의 새끼를 사냥하는 것도 그러한 이유이다.

유소성 동물과 이소성 동물은 감각 기능과 훈련 기간에서도 차이를 보인다. 육식 동물의 새끼가 발육이 덜 된 상태로 태어나서 오랫동안 훈련을 거치는 반면, 초식 동물의 새끼는 비록 육식 동물에 비해 능력이 훨씬 떨어지긴 해도 처음부터 감각 기능이 발달되어 있다.

이는 육식 동물이 수면을 오래 취하는 반면, 대형 초식 동물은 수면을 덜 취하는 것과도 관계가 있다. 수면은 포유동물의 감각과 인식 능력, 육체 발달에 매우 중요하기 때문이다. 이런 이유로 유소성 육식 동물은 지략이 발달했고, 이소성 초식 동물은 좀 더 본능적이다.

지구 전체의 **생태계**에 육식 동물보다 초식 동물의 수가 더 많다고 해서 초식 동물의 새끼가 생존할 가능성이 육식 동물의 새끼가 생존할 가능성보다 더 높다고 볼 수는 없다. 수가 적더라도 어린 사자는 태어날 때부터 무리의 보호를 받는다. 아기 영양의 경우에는 사자 무리에서 먼 곳에서 태어났을 때에만 수명이 연장될 뿐이다.

동물의 유방 수는 무엇에 의해 결정될까?

포유류에 대해 말할 때 빼놓을 수 없는 것이 바로 암컷에게 달려 있는 유방이다. 모든 포유류는 예외 없이 새끼에게 젖을 먹인다. '포유동물'을 뜻하는 라틴어 '마말리아(mammalia)'가 **젖샘**을 의미하는 단어 '매머(mamma)'에서 유래한 것만 봐도 그 특징을 알 수 있다.

포유동물의 유방 수는 2개(한 쌍)에서 12~14개(6~7쌍)까지 다양하다. 아프리카에서 서식하는 설치류인 다유방쥐˙는 다른

● ● ●

다유방쥐 생쥐의 일종. 아프리카 사바나 지대에 서식하며, 모두 여덟 종이 알려져 있다.

포유류보다 유방이 많아서 8~12쌍, 즉 16~24개의 젖꼭지를 가지고 있다. 이들이 한 번에 낳는 새끼의 수는 6~22마리로, 유방의 수와 새끼의 수 사이에 어떤 상응하는 관계가 있음을 짐작할 수 있다.

유방이 가장 많은 동물은 덴렉°이다. 이 동물은 고슴도치는 아니지만 고슴도치를 닮은 마다가스카르° 고유종°으로서, 마다가스카르에서는 '텐렉', 레위니옹 섬°에서는 '탕그'라고 부른다. 이들은 최고 29개의 젖샘을 갖고 있으며(특이하게 14쌍에 한 개가 더 있는 홀수 개의 젖샘이다.) 실제로 한 번에 최대 32마리의 새끼를 낳은 것이 확인되었다. 집에서 키우는 개와 고양이의 경우에도 종종 홀수의 유방이 발견되곤 하는데 이것은 자연이 부리는 변덕일 뿐 정상적인 수는 짝수이다.

유방의 위치는 가슴과 복부, 서혜부° 등으로 다양하다. 그러

● ● ●

텐렉 포유강 식충목 텐렉과에 속하는 생쥐의 일종. 가시로 뒤덮인 뒤쥐와 유사한 모양을 하고 있으며, 대부분 마다가스카르와 인도양의 코모로 제도에 분포하며, 일부가 중앙아프리카의 습지대에서 서식한다.
마다가스카르 아프리카 대륙 동남쪽에 자리 잡은 해양 국가. 아프리카 대륙에서 비교적 가까운데도 서식 동물군이 특이하여, 다윈의 진화론 연구 대상이 되었다.
고유종 어느 한 지역에만 있는 특정한 생물의 종.
레위니옹 섬 아프리카 남동부 마다카스카르 섬 동쪽 해상에 있는 섬.

나 각각의 종은 이 중 한 곳에만 유방이 있다. 예를 들어 원숭이와 코끼리는 가슴에, 개와 돼지는 복부에, 그리고 반추 동물은 서혜부에 있다.

홍해와 페르시아 만, 인도양과 태평양에 서식하는 듀공˚의 유방은 앞지느러미 바로 아랫부분에 위치해 있다. 아마도 이러한 듀공의 모습에서 세이렌˚의 전설이 연유된 듯싶다. 뉴트리아˚의 유방은 더 특이한 곳에 있다. 이들의 유방은 옆구리 위쪽에 있어서 어미가 배를 깔고 엎드렸을 때에도 새끼가 젖을

● ● ● ●

서혜부 불두덩(생식기 언저리의 불룩한 부분) 옆의 오목한 부분. 아랫배와 허벅다리 사이, 치골부 좌우 바깥쪽 부분을 말한다.

듀공 해우목 듀공과의 바다 포유동물. 몸길이 약 2.7미터. 꼬리지느러미는 고래처럼 갈라지고 앞발에는 발톱이 없다. 몸빛은 청회색이고 입 부분 외에는 털이 없다. 얕은 바다에 살며 수중 식물을 먹는다. 호흡은 5~10분 동안 물 위에 떠올라서 한다. 임신 12개월 만에 한 마리의 새끼를 낳고, 새끼를 가슴에 안고 젖을 먹여 예로부터 상상의 동물 '인어'로 불렸다. 고기는 맛이 좋아 식용하고, 기름도 짠다. 인도, 아프리카, 홍해, 오스트레일리아 해안 등지에 분포한다.

세이렌 그리스 신화에 나오는 바다 괴물. 상반신은 여자, 하반신은 새의 모습을 하고 있으며, 아름다운 노랫소리로 지나가는 뱃사람을 홀려 배를 난파시켰다고 한다.

뉴트리아 카프로미스과의 포유동물로 늪너구리라고도 한다. 몸의 길이는 40~48센티미터, 꼬리의 길이는 35센티미터 정도이다. 위는 다갈색, 아래는 황토색이다. 쥐와 비슷한데 발가락 사이에 물갈퀴가 있다. 풀을 먹으며 물이나 뭍에서 사는데, 아르헨티나와 칠레 등지에 분포한다.

듀공은 유방이 앞지느러미 바로 아래에 있어
새끼를 안고 젖을 먹이는 까닭에 상상의 동물 인어로 불렸다.

빨 수 있다.

젖이 분비되는 초기부터 수유기가 끝날 때까지 젖이 생산되는 양은 유방의 위치마다 다르다. 따라서 새끼들은 처음부터 가장 좋은 유방을 차지하기 위해 경쟁하며, 처음에 정해진 자리는 이유기까지 바뀌지 않는다.

유방의 수는 최대 임신 가능 수가 아니라 한 배에 낳는 새끼 수나 이보다 조금 더 많은 짝수로 결정되는 듯하다. 인간의 경우, 비록 한 번에 한 명의 아이를 낳는 것이 정상이지만, 쌍생아를 낳는 빈도도 1퍼센트나 되어 꽤 높기 때문에 2개의 유방이 필요하다고 할 수 있다. 반면 2쌍, 즉 4개의 유방을 감당하려면 엄청난 에너지가 필요한데 세 쌍생아나 네 쌍생아의 출생 빈도는 매우 낮기 때문에 유방이 두 개 이상이어야 할 만한 이유가 없다.

다시 말해 각 종의 유방 수는 한 배에서 태어나는 일반적인 새끼 수보다 큰 짝수와 일치한다고 말할 수 있다. 지금껏 알려진 포유류 중에 유방이 하나인 종은 거의 없다. 앞에서 말한 다유방쥐의 경우 한 배에 평균적으로 10~12마리를 낳고, 텐렉의 경우는 평균 15마리를 낳는다.

비록 별다른 기능은 없지만 포유류의 수컷도 유방을 갖고 있다. 따라서 수컷 개와 고양이의 배에 작은 단추 같은 유방이 있는 것은 정상이다. 동물 병원에 찾아오는 애완 동물 주인들은 수컷의 유방에 대해 의아해하며 자주 묻곤 하는데, 이것은 자연의 규칙에 위배되는 것이 아니다.

반대로, 매우 드문 경우이긴 하지만 말처럼 수컷에게 유방이 전혀 없는 종들도 있다. 재미있는 것은 말과 비슷하게 생긴 당나귀는 유방이 있다는 사실이다.

몇 년 전, 동남아시아에 사는 과일 먹는 박쥐가 보도된 적이 있다. 다야크큰박쥐˙라는 이 종은 수컷이 젖을 먹인다고 한다. 이 박쥐에 대해서는 많은 연구가 이루어진 것이 아닌 데다가 수컷이 젖을 분비하는 종으로는 유일하게 관찰된 것이라서, 아직 명확한 설명을 하기는 어렵다. 하지만 이 흥미로운 사례를 더 연구하다 보면 수컷이 새끼를 낳고 젖을 먹이는 것을 자연스러운 현상으로 인정하게 될지도 모른다.

- - -

다야크큰박쥐 큰박쥐과에 속하는 박쥐의 일종. 다야크과일박쥐라고도 부른다. 수마트라, 말레이 반도, 필리핀에 분포하며, 속이 빈 나무와 동굴에서 사는 것으로 추정된다. 수컷이 새끼에게 젖을 먹이는 것으로 알려졌다.

모든 동물은 젖의 성분이 같을까?

새끼 포유류는 대개 입술을 이용해 젖을 빤다. 젖을 빨면 젖샘이 자극되어 계속 젖이 생산되며, 새끼가 젖을 빨지 않으면 젖의 분비는 중단된다.

그런데 새끼 고래는 젖을 물 수 있는 입술이 없다. 게다가 어미 고래는 유방이 감춰져 있고, 젖꼭지도 유방의 갈라진 틈 안에 보호되어 있다. 따라서 어미 고래는 유체 동력으로 젖을 유출한다. 즉 배고픈 새끼 고래가 젖을 먹기 위해 어미를 자극하면 어미는 몸의 압력을 이용하여 새끼 고래의 입속으로 직접 젖을 내보내는 것이다. 이때 어미는 젖의 양과 수유 시간을 철저하게 조절한다.

젖의 주요 성분은 물이며, 그 외의 성분은 흡수가 빨라 에너지로 전환되기 쉬운 **락토오스,** 버터를 만드는 지질 또는 지방질, 그리고 치즈를 만드는 단백질 등이다.

● ● ●

락토오스 글루코오스 1몰과 갈락토오스 1몰로 이루어지는 이당류로, 젖당, 유당이라고도 한다. 포유류의 젖, 특히 초유 속에서 많이 발견되며, 모유에 6.7퍼센트, 우유에 4.5퍼센트 정도 함유되어 있다. 모유 속에서는 이 밖에도 10종 이상의 소당류가 발견되는데, 이들은 모두 락토오스를 기본 구조로 하고 있다.

야생 포유류의 젖은 버터나 치즈를 만드는 데 사용되지 않고 단지 새끼를 키우는 목적으로만 사용된다. 포유강에 속한 여러 동물의 젖 성분을 분석해 보면, 아무 젖으로나 버터나 치즈를 만들 수 없다는 사실을 알 수 있다. 이렇게 동물마다 젖의 성분이 조금씩 다르기 때문에, 아직 젖을 떼지 못한 야생 포유류 새끼를 구조했을 때는 곤란에 처할 수 있다. 어미를 잃었다고 해서 무작정 우유를 먹일 수는 없기 때문이다.

소젖만 해도 종에 따라 젖의 성분이 다르다. 이처럼 다양한 젖의 성분에 따라서 여러 종류의 치즈가 생산되며, 버터도 종류에 따라 다양한 맛이 난다. 암소 젖의 평균적인 성분은 수분 87.6퍼센트, 지질 3.7퍼센트, 단백질 3.2퍼센트, 당 4.6퍼센트, 무기질 0.7퍼센트이며, 암소의 젖 1그램을 마시면 0.71킬로칼로리의 열량을 얻을 수 있다.

젖의 성분은 각 종에 따라 다르지만 같은 종이라도 수유하는 시기에 따라서 또 다르다. 그러므로 젖의 성분을 엄격하게 비교하려면, 각 수유 시기에 맞춰 측정을 해야 한다. 하지만 젖의 성분이 다르게 나타나는 가장 큰 이유는 무엇보다도 각 종의 서식 환경과 행동 양식이 다르기 때문이다.

물에서 사는 동물들은 체온을 유지하는 데에 많은 에너지가 필요하다. 공기 중에서보다 물속에서 체온이 더 빨리 떨어지기

포유동물의 젖의 성분

종	수분(%)	지질(%)	단백질(%)	당(%)	회분(%)	열량(kcal)
캥거루	77.2	4.9	6.7	2.0	1.6	1.21
비비	86.0	4.6	1.5	7.7	0.3	0.80
인간	88.0	3.8	1.2	7.0	0.2	–
토끼	71.3	13.1	12.3	1.9	2.3	2.04
비버	65.9	19.0	11.2	1.7	1.1	2.46
쥐	70.7	13.1	9.0	3.0	1.5	1.85
불곰	66.4	18.5	8.5	2.3	1.5	2.28
고양이	81.6	6.3	10.1	4.4	0.7	1.74
개	76.3	9.5	9.3	3.0	1.2	1.58
여우	81.6	5.9	6.6	4.9	0.9	1.09
바다표범	42.8	42.1	15.8	1.0	미량	4.08
물개	39.0	49.4	10.2	0.1	0.5	5.09
코끼리	82.7	5.0	4.0	5.3	0.7	0.88
당나귀	91.5	0.6	1.4	6.1	0.4	0.38
말	89.1	1.6	2.2	6.4	0.4	0.52
코뿔소	91.2	0.2	1.4	6.6	0.3	0.35
소	87.6	3.7	3.2	4.6	0.7	0.71
사슴	78.9	8.5	7.1	4.5	1.4	1.37
일런드영양	78.1	9.9	6.3	4.4	1.1	1.43
고래	47.2	38.1	12.8	미량	1.4	–

※ 맨 오른쪽 줄의 열량은 젖 1그램의 열량을 말한다.

때문이다. 그러므로 이들의 젖에는 수분이 적고 당이 약간 들어 있으며 지질과 단백질이 풍부하다. 민물에서 사는 수륙 양서종인 비버도 이러한 경향을 보이며, 남극해 연안의 대부빙군*을 드나드는 웨델 바다표범,* 태평양 북쪽의 프리빌로프 제도*에 서식하는 물개들의 경우에는 이런 경향이 더욱 두드러진다.

육지에서 사는 포유류의 경우에는 정해진 시간에 젖을 먹이는 종이 아무 때나 젖을 먹이는 종에 비해 젖의 농도가 높은 것을 알 수 있다. 아무 때나 젖을 먹는 종으로는 유대류인 캥거루와 영장류, 말, 당나귀 등이 있다.

반대로 정해진 시간에 젖을 먹는 종으로는 육식 동물과 사

● ● ● ●

대부빙군 남·북극해 연안에 있는 해발 2700미터의 높은 평원. 얼음에 완전히 덮혀 있고 빙산에 둘러싸여 있다.
웨델 바다표범 포유류 식육목 바다표범과의 동물. 지구상의 포유류 중에서 가장 남쪽에서 발견되는 동물이다. 일 년 내내 총빙 위에서만 생활한다. 어류와 오징어류를 주로 먹으며, 600미터 이상 깊은 곳까지 잠수할 수 있고 한 번 잠수하여 한 시간 정도까지 견딜 수 있다.
프리빌로프 제도 베링 해상에 있는 세계적인 물개 산지. 세인트폴 섬, 세인트조지 섬과 그 밖의 세 개 섬으로 이루어져 있다. 한대 기후에 속하기 때문에 연평균 기온은 2도 정도이며, 양치류, 이끼류 이외에 관목이 자란다. 전 세계 물개의 약 80퍼센트가 이 곳에 서식한다.

습, 많은 종의 영양이 있으며, 젖을 먹는 시간과 간격은 암컷이 정한다. 따라서 이들은 수시로 젖을 먹는 종에 비해 젖의 영양이 풍부하며, 농도도 진하다.

젖을 통해 에너지를 얻은 새끼들은 빠른 속도로 성장한다. 바다표범과 물개의 성장 속도는 정말 놀라울 정도다. 기각류* 중에는 수유기가 3~4주밖에 안 되고, 그 이후에는 새끼가 버림받는 종도 있다. 수유기가 지나면 이 종의 새끼들은 혼자 독립하여 살아가는 법을 배운다.

수유기가 가장 짧은 동물은 북극의 두건바다표범*으로, 암컷은 새끼를 낳은 후 4일간만 젖을 먹인다. 그런데도 새끼 바다표범은 혼자 독립하여 먹잇감을 찾으러 떠날 때에 꼭 필요한 지방을 비축할 수 있다. 새끼 바다표범은 엄청나게 비대해지는 반면 많이 자라지는 않는다. 왜냐하면 바다표범의 젖은 뼈의

● ● ●

기각류 포유류 식육목의 한 아목. 2500만 년 전 원시 식육 포유류에서 분화해 진화한 해양 포유류로, 다리 대신 지느러미가 있다. 크게 해마과, 물개과, 바다표범과 세 개의 과로 나뉘며, 18종의 바다표범류와 14종의 물개류, 1종의 바다코끼리로 나뉜다.

두건바다표범 포유류 식육목 바다표범과의 동물로 북대서양에 서식한다. 수컷의 머리에는 두건 모양의 큰 주머니가 있어, 상대방을 위협할 때나 위협을 당할 때 이를 크게 부풀린다.

성장에 필요한 칼슘과 무기질이 적기 때문이다.

바다표범과 고래과의 젖 성분을 비교해 보자. 푸른고래, 또는 푸른큰고래라 불리는 현존하는 포유류 중에서 가장 큰 동물인 흰수염고래°는 수유기가 6개월에서 9개월 정도이며, 수유기 동안 새끼의 몸무게와 몸집은 한꺼번에 불어난다. 흰수염고래의 젖에는 바다표범의 젖보다 다섯 배나 많은 칼슘이 농축되어 있다.

젖의 성분 중 당이 가장 많은 것은 영장류라는 것도 주목할 필요가 있다. 달콤한 맛은 수유 기간과도 관계가 있는 듯하다. 지금껏 가장 긴 수유기를 가진 동물은 오랑우탄으로 무려 900일이나 된다.

덧붙여 초유에 관해 간단히 언급해 보자. 초유란 출산 후 하루 또는 이틀 동안만 분비되는 최초의 젖으로, 아직 면역 체계가 활성화되지 않은 면역 글로불린을 신생아에게 공급함으로써 감염의 위험으로부터 보호해 준다.

● ● ●

흰수염고래 고래목 긴수염고래과에 딸린 거대한 고래로 대왕고래라고도 불린다. 지구상에 모든 동물들 중에서 몸집이 가장 크다. 몸길이는 수컷이 25미터, 암컷이 27미터 정도이고 30미터까지 자란다. 몸무게는 110톤 정도이며, 극지방의 찬 바다에서 주로 크릴새우를 먹는다. 수명은 약 30~90년이며, 110년 이상을 산 개체들도 있다. 전 세계의 대양에 분포하지만 현재는 멸종 위기에 처해 있다.

4

유대류와 단공류는
어떻게 새끼를 키울까?

유대류의 주머니는 어떤 역할을 할까?

유대류는 정말로 놀라운 동물이다. 유대류의 서식지로 가장 유명한 곳은 오스트레일리아이며, 그다음으로 다양한 유대류가 서식하는 지역은 뉴기니*이다. 또한 남아메리카에도 태평양 섬에 사는 것과는 다른 유대류가 한 종 살고 있다. 최근 조사한 바에 따르면, 전 세계적으로 300종에 달하는 유대류가 현존하는 것으로 나타났다.

유대류의 번식 방법은 다른 포유류와 같으면서도 몇 가지

● ● ●

뉴기니 오스트레일리아 북쪽, 아라푸라 해와 토러스 해협 사이에 길게 놓여 있는 섬. 열대 농산물이 풍부하며 진귀한 동물이 많이 서식한다.

점에서 커다란 차이를 보인다. 유대류를 특징짓는 중요한 특성
은 무엇보다도 암컷의 주머니에 있을 것이다. 육아낭이라 불리
는 이 주머니는 피부의 주름으로 되어 있으며, 젖꼭지가 달려
있어 새끼에게 물릴 수 있도록 되어 있다. 하지만 모든 유대류
종에게 육아낭이 있는 것은 아니다. 주머니가 없는 종들의 경
우, 새끼는 어미의 배 아래쪽에 있는 젖꼭지에 매달리기 때문에
이동할 때 어미는 새끼가 바닥에 끌리지 않도록 조심을 한다.

유대류의 주머니는 앞이나 위로 열리는 것(주머니쥐,˚ 캥거
루의 경우)과 뒤쪽이나 아래로 열리는 것(웜뱃,˚ 코알라)으로 구
별된다.

웜뱃은 사족류˚이며 굴을 파는 습성이 있어 주머니가 뒤로
열린다. 굴을 팔 때마다 흙과 작은 돌덩어리가 주머니에 들어

● ● ●

주머니 쥐 주머니쥣과의 포유류. 생김새가 쥐와 비슷하며 몸의 길이는 50센티미
터, 꼬리의 길이는 30센티미터 정도이다. 발가락은 물건을 붙잡기에 알맞고 암컷
은 배 쪽에 있는 육아낭 속에 새끼를 넣어 기른다. 잡식성으로 남북아메리카에 분
포한다.
웜뱃 유대목 웜뱃과의 동물을 통틀어 이르는 말. 오소리와 비슷한데 몸의 길이는
70~120센티미터이며 꼬리와 귀는 짧고 배에 주머니가 있다. 앞니는 위아래 한
쌍뿐이여, 털은 거칠고 다갈색이다. 오스트레일리아의 태즈메이니아 등지에 분포
한다.
사족류(四足類) 발이 넷인 짐승을 통틀어 이르는 말.

가는 것을 막기 위해서다. 코알라의 경우는 더 흥미롭다. 나무에서 주로 생활하는 코알라의 주머니가 왜 엉덩이 뒤로 열리는지 궁금해하겠지만, 사실 코알라가 나무 생활을 하게 된 것은 비교적 최근의 일이다. 코알라의 조상도 사족류였기 때문에 아마도 코알라 새끼는 어미의 젖꼭지에 매달리는 것이 유리했을 것이다.

야폭°이라는 동물의 경우 또한 매우 흥미롭다. 야폭은 열대 아메리카에 서식하는 수륙 양서동물로, 강물 속에서 먹잇감을 사냥한다. 암컷 야폭이 물속에서 사냥을 하는 동안 주머니 안에 있는 새끼들은 어떻게 될까? 과연 주머니가 밀봉될까? 갓 태어난 새끼들이 수중에서 호흡을 조절할 줄 알까? 아니면 주머니에 새끼가 있는 동안은 암컷이 식성을 바꿔 땅 위에서 먹이를 구하는 걸까? 이에 대한 답은 아직 정확히 나와 있지 않다.

유대류의 젖꼭지 수는 하나에서 12개까지 매우 다양하다.

● ● ● ●

야폭 주머니쥣과의 포유동물로 물주머니쥐라고도 불린다. 몸길이 33~40센티미터, 꼬리길이 38~39센티미터이다. 겉모습이 주머니쥐와 비슷하지만, 털이 짧고 가늘며 양털과 같다. 앞발은 넓고 바깥쪽의 기부는 돌출했으며, 발가락 사이에는 큰 물갈퀴가 있다. 반수서성(半水棲性)으로 헤엄을 잘 친다. 주로 개구리, 물고기, 곤충, 조개류를 먹으며 육아낭은 잘 발달되었다. 남아메리카의 콜롬비아, 기아나, 아르헨티나(북부) 등지에 분포한다.

단 하나의 젖꼭지를 갖고 있는 동물은 뉴기니에 서식하는 깃꼬리주머니쥐[*]이다. 이 동물은 각 개체에 따라 암컷의 주머니 깊은 곳에 젖꼭지가 한 개, 혹은 두 개, 혹은 네 개 달려 있다. 어미 깃꼬리주머니쥐의 주머니 공간은 별로 넓지 않다. 그래서 새끼가 편안하게 움직이려면 어미가 몸을 구부려 주어야 한다.

유대류가 홀수의 젖꼭지를 갖는 것은 특이한 경우가 아니다. 미국 남부가 주요 서식지인 버지니아 주머니쥐는 주머니 안에 젖꼭지 12개가 U자 모양으로 정렬되어 있고, 중앙에 한 개까지 포함해 모두 13개를 갖고 있다.

유대류의 번식에서 특이한 점은 자궁 내의 정상 임신 기간이 다른 동물에 비해 매우 짧다는 것이다. 크기가 큰 종이라 해도 자궁 내 임신 기간은 고작해야 12일에서 2~3주 정도이며, 현존하는 유대류 중 가장 큰 붉은캥거루의 경우에도 33일밖에 되지 않는다. 이처럼 유대류의 임신 기간이 짧은 이유는 수정과 착상이 다른 포유류와 비슷하게 이루어져도 태반이 거의 발달하지 않기 때문이다. 이식 수술을 받은 뒤 면역 거부 반응을

● ● ●

깃꼬리주머니쥐 포유강 유대목 주머니쥣과의 세상에서 가장 작은 나는 포유동물이다. 깃꼬리주머니쥐는 익막이 있었던 흔적만 남아 있다. 몸무게가 약 50그램 정도 되며, 꿀과 꽃가루를 주로 먹지만 곤충을 잡아먹기도 한다.

일으키는 것처럼 어미의 몸이 태아를 거부하는 현상이라고 설명할 수 있다.

이처럼 짧은 임신 기간 끝에 태어나 주머니로 이동하는 태아의 크기는 꿀벌 또는 원두 커피 한 알보다도 작다. 이 조그만 태아는 앞다리가 매우 잘 발달되어 있고 발에 작은 갈퀴 발톱이 있어서 어미의 도움 없이도 혼자 젖꼭지까지 기어가서 매달린다. 이때 새끼가 젖꼭지를 물면 젖꼭지가 부풀어 어미와 밀접하게 유착되는 동시에 새끼의 입안으로 젖이 분비된다.

대형 캥거루의 경우 짝짓기와 짧은 임신 기간이 지나면, 보통 한 마리의 새끼가 태어나서 주머니 안에 머물게 된다. 출산 후 며칠이 지나면 암컷은 다시 발정하여 교미를 하고 수정이 된다. 새로운 태아는 어미의 자궁 안에서 먼저 태어난 새끼가 성장을 끝마치고 주머니에서 나갈 때를 기다린다. 자궁 안에서의 이러한 동면 기간은 42주까지 될 수 있으며, 주머니 안에 있던 새끼가 죽으면 그 기간이 단축될 수도 있다. 때가 되면 새끼 캥거루가 또 한 마리 태어나 다른 쪽 젖꼭지에 매달리게 된다.

그럼 암컷은 다시 교미를 하여 수정이 되고, 세 번째 수정란이 몇 차례의 세포 분열을 거친 후 태어날 차례를 기다린다. 모든 것이 순조롭게 진행된다면, 이때쯤 첫 번째 새끼는 주머니에서 나와 고형 음식을 섭취하기 시작한다. 첫 번째 새끼는 다

캥거루는 아직 젖을 떼지 못한 주머니 밖의 새끼와
갓 태어난 주머니 안의 새끼를 키우면서 자궁 속에 또 다른 태아를 품는다.

른 새끼들에 비해 많이 성장한 상태이지만 어미의 젖을 규칙적
으로 먹는다. 어미는 주머니 밖으로 나온 아직 수유기가 끝나
지 않은 새끼와 주머니 속 젖꼭지에 매달려 있는 새끼를 키우
며, 동시에 자궁 속에 태아를 품는 것이다.

여기서 주목해야 할 것은 두 새끼에게 주는 젖의 성분이 다
르다는 것이다. 아주 어린 새끼가 먹는 젖은 그보다 큰 새끼가
먹는 젖보다 영양가가 풍부하다.

이와 같은 번식 체계는 덤불이 많은 평원이나 건조하고 황
량한 반사막 지역에서 살아가는 캥거루들 나름의 위기 대처법
이자 생존 전략이다.

오리너구리와 바늘두더지는 어떻게 알을 품을 까?

매우 독특한 포유류인 오리너구리와 바늘두더지는 '하나의
구멍을 가졌다.'는 뜻으로 단공류라 불린다. 이 동물들은 소화
관과 요관, 그리고 생식관이 결합해 **총배설강**˚ 을 이루고 있다.

분명한 것은 다른 포유류들은 주머니가 있든 없든 공동 조
상인 파충류로부터 멀리 진화된 반면, 오리너구리와 바늘두더

지는 파충류의 흔적을 간직하고 있다는 점이다. 이들에게서 발견할 수 있는 파충류의 또 다른 흔적은 수컷 오리너구리의 뒷발에 있는 며느리발톱이다. 이 발톱은 독샘과 연결돼 있어서 독을 주입할 수 있다. 수컷 바늘두더지도 독샘을 갖고 있지만 며느리발톱은 없다. 이 두 종 모두 아주 독특하기 때문에 따로 떼어 한 권으로 다룰 만한 정도이다.

오리너구리와 바늘두더지는 이렇게 공통점도 있지만 주위 환경에 각각 독특한 방식으로 적응하여 큰 차이점을 보이고 있기도 하다. 오리너구리는 반(半) 수생동물이다. 이들은 오스트레일리아와 태즈메이니아의 급류와 강물 속에서 살며, 감각이 예민하고 주둥이 끝이 넓적하여 눈을 감고도 새우와 물고기알, 수생 애벌레 같은 작은 먹잇감을 잡을 수 있다.

오리너구리과에 속하는 이 포유동물은 강둑을 파서 만든 땅굴에서 산다. 좁고 긴 터널 끝에 나뭇잎으로 둥지를 만들어 놓고 거기에 1~3개의 알을 낳는다. 자궁 내에서 알이 발육하는

● ● ●

총설배강 동물의 소화관 말단과 비뇨·생식 기관의 말단이 하나로 되어 있는 강소(腔所)를 말한다. 단공류를 제외한 포유류는 소화관과 비뇨·생식 기관이 분류되어 있어 총배설강이라 하지 않으며, 무척추동물의 경우에는 총배설강이 존재하기도 한다.

기간은 2주 정도이다. 성장한 오리너구리는 길이가 50~80센티미터이고 무게가 1~2.5킬로그램인데 알은 상대적으로 작아서 직경이 17밀리미터밖에 안 된다.

암컷은 알을 낳은 뒤 1주 내지 2주 동안 품으며, 잠을 잘 때는 꼬리와 배 사이에 알을 놓고 둥그렇게 몸을 만다. 암컷에게는 젖꼭지라 할 만한 것이 없고 젖샘만 2개 있을 뿐이다. 따라서 어미는 배에 난 기다란 털 뭉치를 따라 스며 나오는 젖을 새끼들에게 먹인다.

4개월에서 5개월에 이르는 수유기 동안 새끼들은 땅속 둥지 안에 머문다. 즉 임신해서 알을 품는 기간을 거쳐 부화할 때까지의 기간은 몇 주밖에 안 되지만, 새끼가 독립할 때까지 양육하는 기간은 몇 달이나 된다.

바늘두더지는 뾰족한 가시와 까칠까칠한 털로 덮인 둥근 공 모양의 동물이다. 가시두더줫과에 속하는 이 포유동물은 주둥이가 짧은 것(타치글로수스)과 주둥이가 긴 것(자글로수스)으로 나뉜다.

주둥이가 짧은 바늘두더지는 오스트레일리아와 뉴기니에 서식하며 흰개미와 개미를 잡아먹고 산다. 주둥이가 긴 바늘두더지는 뉴기니의 고유종으로, 혀를 작살처럼 사용해서 지렁이를 잡아 기다란 주둥이를 이용하여 입 안으로 빨아들인다.

바늘두더지 암컷은 한 번에 한 개의 알을 낳아 배에 있는 주머니에 넣는다. 정확하게 말하자면 자신의 배에 있는 주머니 안에 직접 알을 낳은 뒤 품는 것이다.

짧은 주둥이 바늘두더지 새끼가 부화할 때까지는 약 10일 정도 걸린다. 알이 부화해 새끼가 태어나도 어미는 주머니에 새끼를 넣고 다닌다. 그로부터 3개월이 지나 새끼의 몸에서 뾰족한 털이 나기 시작하면 그제야 어미는 수풀에 숨겨둔 둥지에 새끼를 꺼내 놓는다. 어미는 혼자 먹이를 구하러 나갔다가 새끼에게 젖을 먹이기 위해 규칙적으로 둥지로 돌아온다. 언제 떠나서 언제 돌아오는지 그 간격에 대해서는 아직까지 구체적으로 밝혀지지 않았다.

5

포유류는 어떻게
종족 번식을 할까?

짝짓기는 어떻게 할까?

포유류의 번식 체계에 대해 결론을 내리기 전에 수정 이전의 단계로서 수컷과 암컷이 어떻게 만나게 되는지, 곧 하나의 수컷과 하나의 암컷이 어떤 이유로 짝을 이루게 되는지에 대해 알아보자.

수컷과 암컷은 서로 번식 전략이 다르다. 수컷은 되도록 자손을 많이 남기는 데 힘을 쏟는다. 반면에 임신과 양육에 많은 노력을 기울여야 하는 암컷은 자기 새끼를 최대한 보호할 수 있는 수컷을 확보하는 데 역점을 둔다. 암컷들은 조건에 맞는 짝을 고르기 위해 수컷을 주의 깊게 관찰한다.

번식기가 되면 수컷들은 자신을 뽐내기 위해 으스대거나 노래를 부르며, 생식샘에서 특별한 분비물을 발산하고 서로 싸우기까지 한다. 이러한 표시들은 수컷들 사이에서 각 개체를 구별하게 해 줄 뿐만 아니라, 암컷이 수컷의 육체적·정신적 상태를 판단할 수 있도록 해 준다. 병들었는지 건강한지 혹은 용기가 있는지 겁쟁이인지를 보여 주는 것이다.

수컷끼리의 싸움을 관찰해 보면 매우 체계화되고 의식화되어 있다는 것을 알 수 있다. 뿔과 엄니,* 발톱과 같은 무기나 장식이 발달할수록 싸움을 하지 않고도 이길 가능성이 커진다. 이는 불필요한 부상을 입지 않기 위한 전략이다. 부상당한 동물은 생존에서 불리한 조건에 놓일 수밖에 없으므로 이를 피하려는 자기들 나름의 방책인 것이다.

한편으로 수컷들은 수컷 사회에서 우위를 차지해 서열을 세우거나 번식하기에 적당한 장소를 차지하기 위해 싸운다. 승리한 수컷은 다른 모든 구혼자들 앞에서 암컷을 차지함으로써 자신의 승리를 증명한다.

종에 따라서는 이러한 소모적인 싸움 대신 소리(몇몇 박쥐의 경우), 체력(바다코끼리, 물개), 행동과 장신구(사슴의 뿔, 코끼리의 상아)로 짝짓기 상대를 결정하기도 한다.

● ● ●

엄니 크고 날카롭게 발달한 포유동물의 이. 호랑이, 사자, 멧돼지 등의 엄니는 송곳니가 발달한 것이며, 코끼리의 엄니는 앞니가 발달한 것이다.

동물들이 짝짓기 때에 보여 주는, 과시하는 몸짓이나 위협적인 태도를 보면 각 종의 평소 행동 양식을 엿볼 수 있다. 또한 짝짓기 전에 이루어지는 수컷의 경쟁은 여러 세대가 함께 참여할 수 있는 행사로, 어린 세대를 교육하는 기회도 된다. 몇몇 종의 경우 아직 미숙하여 통제하기 쉬운 어린 동물들이 무리로부터 축출되었다가 다시 받아들여질 때에도 이러한 행동이 나타난다. 무리에 우두머리가 없을 경우에 그 결과는 참혹하기까지 하다.

아프리카 코끼리에 관한 연구 결과, 완전히 성장한 코끼리가 없는 무리에서는 어린 수컷이 계속하여 어린 암컷을 괴롭히기 때문에 어리거나 젊은 코끼리들이 정상적으로 성장하는 데에 어려움을 겪는다는 사실이 밝혀졌다. 정상적인 코끼리 무리에서는 덩치가 큰 수컷 코끼리가 다른 모든 코끼리들에게 일종의 '규율'의 역할을 한다. 이런 경우에는 앞서 말한 혼란스러운 상황은 결코 일어나지 않는다.

포유류는 어떻게 번식할까?

이제 결론을 내려야 할 때가 됐다. 알은 닭(닭은 포유류가 아니지만)보다 먼저 있었고, 포유류보다 먼저 있었다. 포유류는 수컷 생식 세포와 암컷 생식 세포가 만나 알(수정란)을 생성하는 번식 체계를 갖고 있지만, 알을 낳지는 않는다. 또한 이 알은 껍데기가 없다.

생식 세포가 수정이 되면 임신으로 이어지고, 태반이 형성되며, 출산과 수유가 뒤따른다. 가족 구성원의 수와 임신 횟수, 임신 및 수유 기간의 길이, 한 번에 낳는 새끼의 숫자는 종마다 차이가 있다.

현생 포유류는 단공류, 유대류, 태반 포유류 등 크게 세 그룹으로 나뉘는데, 이들 포유강의 번식 체계는 놀라운 방법으로 진화했다.

오리너구리는 둥지에 알을 낳지만, 바늘두더지는 주머니에 알을 낳아 키운다. 주머니하면 유대류를 빼놓을 수 없다. 유대류들은 흔히 배에 있는 주머니 깊숙한 곳에 감춰진 젖꼭지에 새끼를 매달고 키운다. 마지막으로 태반 포유류들은 어미와 새끼 사이에 동물 사회에서 단연 돋보이는 돈독한 관계를 유지한다. 이 친밀한 관계로 인해 태반 포유류는 수컷과 암컷 한 쌍이 아니라 어미와 새끼가 기반이 되는 사회를 형성한다.

포유류의 세 그룹은 이렇게 서로 구별되는 번식 체계를 갖고 있다. 그럼 이들 각 종의 계보는 어떻게 형성되고 유지될까?

종족 번식을 위한 짝짓기 의식과 상대를 유혹하는 방법은 분명히 우리의 큰 관심사라고 할 수 있다. 사실 각 동물의 특성과 다양한 행동, 적응력 등은 상대를 유혹해 짝짓기를 하기 위한 것이라고 설명할 수 있다. 짝짓기를 하지 않으면 번식과 세대 계승이 불가능하며, 그런 점에서 포유류에 속한 인간도 짝짓기에 지대한 관심을 갖는 것은 당연한 일일 것이다.

　　그렇다고 해서 경쟁, 자기 과시, 싸움, 피하기 등의 행동을 확대 해석할 필요는 없다. 경쟁에서 우위를 차지할 수 있는 신체 조건이 선천적인 것인지 후천적인 것인지, 또는 운이 좋아 풍요로운 환경에서 충분한 영양을 섭취하게 되는 건지, 적응력이 뛰어난 유전 형질이 따로 있는 건지 어떻게 구별할 수 있겠는가?

　　동물들이 서로 만나 짝짓기를 하는 과정에는 유전적인 요인과 진화에 유리한 요인 등이 영향을 미칠 수도 있겠지만, 그와 상관없이 각 개체는 개인적인 기준으로 상대를 선택해 한 쌍을 이룬다. 다른 동물들의 경우도 마찬가지겠지만, 포유류의 경우 배우자를 선택하고 짝짓기를 하는 방법이 특히 발달했으며, 그중에서도 인간은 최고의 경지에 올라 있다.

더 읽어 볼 책들

- 이은희, 『하리하라의 생물학 카페』(궁리, 2002).

- 최재천, 『생명이 있는 것은 다 아름답다』(효형, 2001).

- 리처드 도킨스, 홍영남 옮김, 『이기적 유전자』(을유문화사, 2002).

- 울리히 슈미트, 조경수 옮김, 『동식물에 관한 상식의 오류 사전』(경당, 2003).

- 클로드 귀댕, 최연순 옮김, 『살아 있는 모든 것의 유혹』(휘슬러, 2006).

논술·구술 시험은 논리적이고 종합적인 사고를 요구한다. 다음에 제시된 문제는 이 책의 주제와 연관이 있는 논술·구술 기출 문제이다. 이 책을 통하여 습득한 과학적 지식과 원리, 입체적이고 논리적인 접근 방식을 활용하여 스스로 문제에 답해 보자.

▶ 유성 생식과 무성 생식을 설명하고 차이점을 말하시오.

_____

_____

_____

_____

_____

_____

_____

_____

_____

_____

_____

_____

_____

옮긴이 | 김희경

성심여대(현 가톨릭대학교) 불문학과를 졸업했으며, 프랑스 피카르디 대학에서 박사 과정을 수료했다. 현재 전문 번역가로 활동 중이다.

민음 바칼로레아 46

포유류는 왜 알을 낳지 않을까?

2판 1쇄 펴냄 2021년 3월 30일
2판 5쇄 펴냄 2024년 8월 8일

1판 1쇄 펴냄 2006년 9월 7일
1판 3쇄 펴냄 2013년 9월 19일

지은이 | 프랑수아 무투
감수자 | 민미숙
옮긴이 | 김희경
발행인 | 박근섭
펴낸곳 | ㈜민음인

출판등록 | 2009. 10. 8 (제2009-000273호)
주소 | 06027 서울 강남구 도산대로 1길 62 강남출판문화센터 5층
전화 | 영업부 515-2000 **편집부** 3446-8774 **팩시밀리** 515-2007
홈페이지 | minumin.minumsa.com

도서 파본 등의 이유로 반송이 필요할 경우에는 구매처에서 교환하시고
출판사 교환이 필요할 경우에는 아래 주소로 반송 사유를 적어 도서와 함께 보내주세요.
06027 서울 강남구 도산대로 1길 62 강남출판문화센터 6층 민음인 마케팅부

㈜민음인은 민음사 출판 그룹의 자회사입니다.